Aulis Antamaa

Hullunkuriset perheet

FSC
www.fsc.org
MIX
Paperi vastuullisista lähteistä
Paper from responsible sources
FSC® C105338

Kustantaja: BoD · Books on Demand GmbH,
Helsinki, Suomi

Kirjapaino: Libri Plureos GmbH, Hampuri, Saksa

ISBN: 978-952-80-8353-5

futaajan perhe

herra futaaja viihtyy qatarissa

kaikki sujuu kuin unelmissa

maassa ei hänestä mitään pahaa

helposti saattaa tahkota rahaa

ihmisoikeusongelmat ei miestä haittaa

makea elämä hälle maittaa

rouva futaaja rakastaa rahaa

on luksuksen edessä sulaa vahaa

mitään ei liene daami vailla

mies kun palloilee ulkomailla

seurapiireissä mainetta niittää

käyttötilillä katetta riittää

faarao futaaja on tunnettu tyyliniekka

vaurautensa kaveripiirissä arvostettu seikka

golfaa edustaa ja sijoittaa riskillä

baarissa piikki auki tiskillä

väsy jos uhkaa vallan saamaan

vetää lisää kokkelia naamaan

fanny futaaja on fittnesstähti

bikinikisoista pinnalle lennähti

somessa tuottaa sarjaa suosittua

ihanaa elämäänsä avaa tuotettua

tyydytys on neidille syvin

kun kaikki näyttää olevan hyvin

marjanpoimijan perhe

herra marjanpoimija parakissa yöpyy
ankeat olosuhteet takaraivoon syöpyy
yksin raataa pohjolassa
perhe kaukana aasiassa
urakkahommassa surkea taksa
työnantaja moraaliton paska

rouva marjanpoimija ahertaa yötorilla
tauoitta rehkien terveys on kovilla
pitkiä vuoroja täytyy jaksaa
mitä ne miehelle mahtaa maksaa
siellä kaukana pohjolassa
tyhjä on perheen kassa

minh marjanpoimija on perheen nuorimmainen

pieni poika on laihanlainen

päivisin äitinsä nukkuu

kuopus yksin ylhäällä kukkuu

isoäiti on väsynyt vahtimaan

torkahtaa mielikuvitusmaailmaan

mai marjanpoimijan lapsuus oli lyhyt

hyödyntämättä jäivät lapsen kyvyt

muutti suurkaupunkiin

tutustui vääriin ihmisiin

päätyi päivystämään kadulle

ruma loppu tuli sadulle

stylistin perhe

herra stylisti rakastaa kuplivaa
lasillinen nostaa poreillen tunnelmaa
elämänsä on kulutusjuhlaa
luksukseen rahansa tuhlaa
tyylitajuttomien ojentaminen juuri
on intohimonsa suuri

herra stylisti myy muotia
pitää pientä asustepuotia
miehineen ahkerasti matkustaa
elitismiä ei voi vastustaa
omaan osaan on helppo tottua
kun on varaa joukosta erottua

stylistin kattokruunu on uniikki

isäntä on aivan antiikkifriikki

valaisin tuotiin italiasta asti

aarre maksoi valtavasti

miekkonen tulee hyvälle päälle

kun kaikki on laitettu vimpan päälle

stylistin lempitaulu on omakuva

taideteos on kerta kaikkiaan kiva

itseään kun rakastaa tarpeeksi

päätyä saattaa esille esineeksi

myöhemmin jos pettyy peilikuvaansa

seinältä voi katsella parempaa naamaansa

johtajan perhe

herra johtaja ei saa unta
taasen mielessä johtokunta
puku on moitteeton mukana salkku
naapurin luuseri on sille mulkku
kaikille jaksaa selittää
hienosti sijoitukset pelittää

rouva johtaja on kaunis ja sievä
vain etuhampaissa kolo lievä
tärkeänä toimittaa asioita
hyväntekeväisyyskampanjoita
kilojaan vahtii ja harmaita nyppii
ääntään korottaa jos joku silmille hyppii

jenny johtaja on luokkansa viilein lyyli

cheerleaderille ominainen tällätty tyyli

purkkaa jauhaa ja niskojaan nakkelee

luokan nynnyille estoitta kuittailee

läksyjä ei millään saa tehtyä

aikoo lätkäjätkän vaimoksi ryhtyä

janus johtaja tahtois olla lätkäjätkä

vaan on siihen liian pätkä

kasvuhormonit ei auta

on se kyllä jukolauta

että pitää hyvän perheen vesan

elää ja olla kuin luuseri-esan

narkkarin perhe

herra narkkari nukkuu päivisin
ylikierroksilla käy öisin
pimeet hommat ottaa voimille
eivät lyö ees leiville
sörkan kujat on tuttuja hälle
harvemmin kaipaa näkösälle

rouva narkkari on kalpea daami
suonissa virtaa diatsepaami
halkeilleet kynnet kaipaavat lakkaa
tuskanhikeä otsalle pukkaa
olo on perin onneton
kunnes korkkaa lonkeron

niilo narkkari lintsaa koulusta
sinne päin ei tahdo ees kusta
päivisin jaksa ei poistua kotoa
kas omena ei kauaksi puusta putoa
sänkyyn jää pornoo kattoon
tumputtaa kunnes lentää kattoon

noora narkkari jaksaa hillua
ostarilla jakaa nuorta pillua
tuttua puuhaa on hänelle seksi
pojille antaa ilmaiseksi
vaan sediltä käärii hyvät rahat
luoksensa kilvan houkuttavat

feministin perhe

rouva feministiltä luonnistuu kritiikki
kohteena peijakas patriarkaatti
epäkohtiin puuttuu ja vallan suuttuu
jos joku vanhoihin kaavoihin juuttuu
liene tärkeintä ei ihmisarvo
vaan naisasiain itseisarvo

rouva feministi fanittaa vaimoaan
koitakkaan peittää ei raivoaan
jos joku miehiä suosii
ja naisia samalla sorsii
epäkohdan jossain jos äkkää
hanakasti oitis paikalle hyökkää

feija feministi on murheenkryyni perheessä

syy on tyttären perinteisessä tyylissä

hän pinkkiä rakastaa ja prinsessamekkoja käyttää

ei näin voi feministin toiveita täyttää

kasvatus on pahasti pielessä

kun tytöllä on kirkkohäät mielessä

fiili feministillä on sata rautaa tulessa

tiedostava persoona on mukana monessa

intohimona demonstraatiot ja kulkueet

bravuurina innokkaat palopuheet

sukupuoltaan joku jos utelee

äkäiset ärräpäät silmille satelee

ministerin perhe

rouva ministeri on persujen tähti
populistien kelkkaan jo varhain lähti
hän tietää millä ilveellä
kyynistä nihilismiä on hyvä viljellä
omaan napaan on uljasta tuijottaa
vieraat tyypit kaukomaille karkottaa

herra ministeri sydäntään seuraa
vetää korskeiden urhojen salaseuraa
aatteiden puhtautta tarkasti vahtii
somessa kaikkea haukkua ehtii
mikään ei voi olla pielessä
kun isänmaa on kirkkaana mielessä

molla ministeri käy partiossa

aatemaailmansa on kunnossa

sydän on visusti oikealla

luopiot loisii vasemmalla

mieliala on reippaan pirteä

nationalisti on aina virkeä

mauno ministeri on perheen lammas musta

herätä ei taatossaan ihastusta

aina heikomman puolta jaksaa pitää

kommarin siemen kai jampassa itää

kuinka voikaan näin olla

että jälkikasvu on täysi nolla

ahmatin perhe

herra ahmatti aloittaa päivän pekonilla
työmatkalla piipahtaa snagarilla
duunin jälkeen kun ilta koittaa
kotipizzaan oitis soittaa
mukavaa on maata sohvalla
tajun ollessa lähes kankaalla

rouva ahmatti leipoo pullaa
laittaa lounaaksi kinkkurullaa
salkkareiden jälkeen alkaa huikoa
jotain pitäis pöytään taikoa
onneksi hänkin hiffaa
pizzan tilaaminen on kliffaa

alma ahmatti silmissä kuihtuu

vaik hällekin ruoka maistuu

aterian jälkeen kylppäriin haihtuu

olonsa kylläinen yökkäilyyn vaihtuu

hoikan tytön salaisuus

on ankara kurinalaisuus

alvari ahmatti syö ja syö

kunnes koittaa siunattu yö

kiloja kertynyt yli on sata

tapana pojalla on santsata

vaan kuulamörssäri on verraton

lajin taidot hallussa on

näyttelijän perhe

herra näyttelijä pitkää päivää painaa
paljon on kontolla asuntolainaa
laitosteatterin liksa ei millään riitä
jokainen yhtä mieltä on siitä
teevee ja mainokset kasvoja kuluttaa
ilmankos herraa välillä vituttaa

rouva näyttelijä koomikko on suosittu
naamansa joka paikassa tuttu
mukana talk show'ssa useassa
sama sirkus pyörii pienessä maassa
itsensä parodiaa alkaa muistuttaa
fiksumpaa katsojaa jo puistattaa

noora näyttelijä on ilmaisutaidon lukiossa

siinä samassa jossa

kulttuuriperheiden valopäät huseeraa

toisilleen antaumuksella poseeraa

vaikka kilpailu on kovaa

tytär osakseen menestystä povaa

niilo näyttelijä on monilahjakkuus

vielä kasvo raikas uus

kirjoittaa laulaa juontaa näyttelee

elämäänsä naistenlehdissä esittelee

mihin tahansa ilmestyy

kansan päät kääntyy

mamun perhe

herra mamun uunissa pizza paistuu
tuotteensa kaikille hyvin maistuu
woltilla raatoi ennen kuin hullu
niillä liksoilla ei toimeen tullu
vielä on opittava suomen kieli
sitten lie kaikilla hyvä mieli

rouva mamu putsaa ja passaa
matalapalkalla aikaansa hassaa
vanhusten perseitä pesee ja pyhkii
päivän päätteeksi useinkin nyyhkii
kova on osa huivipäisen
osakseen saa vain katseen jäisen

monifa mamu viihtyy koulussa

aina ahkerasti mukana touhussa

eikä suinkaan välitä siitä

ettei mikään joillekin riitä

tukkia ei voi toisten suita

vaik ois tuplasti parempi muita

madu mamu liikkuu jengissä

viihtyy kalliissa kengissä

paras on ottaa jalat alle

jos eksyt porukan apajalle

onnekas saatat olla

jos luovut merkkivaatteista sovinnolla

turkistarhaajan perhe

herra turkistarhaaja on luonnon ystävä

häkkieläimet hälle elämäntehtävä

pieneen tilaan nisäkkäät ahtaa

lopuksi pienet poloiset lahtaa

nahat päätyy niille joille

hinku on turhuuden markkinoille

rouva turkistarhaaja on kunnanvaltuutettu

politiikassa vanha kettu

edustaa oikeaa laitaa

elinkeinoelämän metkut taitaa

eläinten oikeuksista viis veisaa

kunnan talous sakata ei saa

nolo on terhi turkistarhaaja

tietää isänsä on murhaaja

kylillä harvoin näyttäytyy

siihen ilmeinen on syy

moinen elinkeino hävettää

koko perheen maineen ryvettää

tuukka turkistarhaaja on isänsä silmäterä

taas tuli nyljettyä yksi erä

työtään tekee rahasta

pääsivät eläinparat pahasta

tunteet ei pojan kasvoilla näy

tärkeintä että kauppa käy

kirjailijan perhe

herra kirjailija menestystä niittää
messuilla yleisöään kiittää
malta pysyä ei poissa
tilaisuuksista joissa
voi omaa naamaansa mainostaa
paskaa jauhamalla liksaa nostaa

rouva kirjailija työskentelee kirjastossa
tai pikemminkin puuhaamossa
toimenkuva on muutoksessa
mukana saa olla monessa
päivään mahtuu paljon mölyä
kirjat keräävät vain pölyä

kalle kirjailija selaa aku ankkaa

teinin elämä on rankkaa

läksyjä ei lue koskaan

aikaansa ei tuhlaa roskaan

punkassansa paljon nyhjää

väittää elämä on tyhjää

katja kirjailija vloggaa ahkerasti

matskua vääntää uutterasti

luovuutensa kun puhkeaa kukkaan

mitään heitä ei hukkaan

parhaat palat talteen säästää

tiktokissa ilon irti päästää

natsin perhe

herra natsin asu on siisti ja moitteeton
hiukset vimosen päälle kammattu on
kansanperintöä vaalii tiukasti
paras on aina valkoinen kasti
kapuloita rattaisiin laittaa siellä
missä monimuotoisuus on aatteen tiellä

rouva natsi viihtyy kotona hyvin
perheasiat on intohimonsa syvin
miestään passaa ja lapsiaan hoivaa
moitteeton julkisivu antaa voimaa
muiden asiat tuntee hyvin
perheen maine on huolista syvin

niilo natsi on seikkailumielellä

kavereineen hiippailee yömyöhällä

luovuus kukkaan kun puhkeaa

pian iskulauseet synagogan seinää koristaa

on hetkessä hegemonista taikaa

rehvakas nauru yössä raikaa

nero natsi on silkkaa terästä

eilen puri nilkkaan erästä

dobermannin elkein vahtii taloa

kuuliaisuutta osoittaa jaloa

perhettä joku jos vituttaa

koiran voi kimppuun usuttaa

lätkän perhe

herra lätkä jauhaa purkkaa uutterasti
junnuna laukoi kaukalossa ahkerasti
liigaseuran valmentajana häärii
soittamalla suutaan isot rahat käärii
ennen oli huippu jäällä
nyt on keski-iän vitutus päällä

rouva lätkä on menevää sorttia
käsissään monta valttikorttia
on rahaa on valtaa on näkyvyyttä
lehtien palsoilla näy ei syyttä
vaan olispa joku oma juttu
jolle ois kateellinen joka tuttu

laura lätkä viihtyy myös jäällä
treenaa hallissa joka säällä
hallussa hypyt ja piruetit
vaan ei yleiset etiketit
kollegoille niskojaan nakkelee
happamia kommentteja jakelee

lauri lätkä tahtoi tulla isäkseen
vaan tie tyssäsi mestikseen
omena putosi kauas puusta
äärräpäitä sinkoili suusta
kaikki on pahasti pielessä
taviksen kohtalo hiertää mielessä

kommarin perhe

herra kommari on nykyajan reliikki
monen porvarin lihassa piikki
tasa-arvosta jankuttaa jaksaa
vaan luusereiden hyysäys maksaa
milloin vassarit oppii että
jokainen on oman onnensa seppä

rouva kommari jakaa leipää köyhille
markkinatalouden päähän potkimille
lähimmäisistään huolta kantaa
omaa aikaansa muille antaa
solidaarisuuden puolesta liputtaa
naapurin persuja vituttaa

kerttu kommari marssii kulkueissa

kiertää ahkerasti eri kaupungeissa

hyvää tahtoo saada aikaan

uskoo joukkovoiman taikaan

tyttä on auki elämälle

vaikka luokan pissikset kuittailee hälle

kaapo kommari on luopio perheessä

onkohan pojalla pää perseessä

fanittaa trumpia ja coca colaa

narsismillaan sukunsa nolaa

ostettavissa on rahalla

katselee köyhiä pahalla

tangotähden perhe

herra tangotähti teki erheen
jätti perustamatta perheen
rahoillaan reteesti biletti
siitä aukeni helvetti
sekoili tehden paljon pahaa
nyt on helvetisti mahaa

toomas tangotähdelle maistuu elämä makea
mutta varakasta miestä on työlästä hakea
lopulta onni potkaisi
mukaan tangotähden elämään hotkaisi
vaan tietäähän sen millainen on loppu
pilvilinnojen perään kun on hoppu

tuulia tangotähti on manageri parhain

tähtensä takaisku oli kokemuksista karvain

nyt on nainen tyhjän päällä

kompastelee liukkaalla jäällä

historiaa on artistinsa ihannointi

jäljellä pirullinen canselointi

takki tangotähden oli suosittu aiemmin

unholaan on joutunut sittemmin

juomatavoiltaan isäntä muuttui sieneksi

asuste jäi kerta kaikkiaan pieneksi

nyt se pölyttyy komerossa

faneilla suru puserossa

puusepän perhe

herra puusepällä on menestynyt työpaja

mutta miespolo on aisankannattaja

vaimollaan oli pulla uunissa

ennen kuin olivat naimisissa

haaveili suurperheestä mies

vaan tuhkamunaisuus on hänen ies

rouva puuseppä on harras nainen

kerran hairahtaneensa väittää vainen

poikansa isää ei tohdi paljastaa

tahtoo kohtalonsa hyveelle valjastaa

kerran kun syntiin lankeaa

jatkossa elo on ankeaa

petrus puuseppä on taikureista parhain

poika oppi ihmeteot sangen varhain

säällä kuin säällä

kulkee vetten päällä

fiilistelee kuolleita herätellessä

veden viiniksi muuttaa käden käänteessä

rouva puusepän salarakas taivaan isä on

petrukselle mies on tuntematon

pilven takana piilossa lymyilee

vaikka poikansa apuaan rukoilee

rouvalle teki ikävät temput

sitten antoi armotta lemput

tanssitaitelijan perhe

herra tanssitaiteilija on äänessä joka säällä

varsinkin jos kamerat on päällä

tanssiparketit jo taakse jäivät

muille estradeille vei eläkepäivät

joillekin suo huvituksen

kun pateettinen laulu soi kummituksen

rouva tanssitaitelija on hienostunut femme

voisimme kaikki ottaa opiksemme

uljas näky vaikka umpihangessa

kun hän poseeraa lehden kannessa

virheettä särmätön laulunsa kulkee

pahoilta kieliltä korvansa sulkee

turre tanssitaitelijalle maistuu hanhenmaksa ja nuudeli
onhan hän jalorotuinen puudeli
elegantin perheen ihastuttava lemmikki
seurapiirien kestolellikki
ei mikään voi olla kyllin hyvää
kun hauvalle suodaan kiintymystä syvää

tauno tanssitaitelija on hovimestari parhain
perheeseen palkattiin jo varhain
ammattitaitonsa horjumaton
apunsa herrasväelle korvaamaton
kiitosta pelkkää mies niittää
vaikka arjessa haasteita riittää

pastorin perhe

herra pastori on hurskas mies

paimenista parhain kenties

kirkonkylällä arvostettu kovin

kaikille uhraa aikaansa tovin

varsinkin naapurin kallelle

joka on ahnas pastorin parrulle

rouva pastori on kirjallisuuspiirin vetäjä

kulttuurin ystäväksi tietää koko pitäjä

hän akvarelleja maalaa ja kuorossa laulaa

vain kärkkäimmät kehtaa nauraa

kun kukkahattutätinä hyörii

ja kissanristiäisissä pyörii

pauliina pastori on piika touhukas

taloustöissä hyvinkin lahjakas

pastorskan apuna monessa tehtävässä

joka paikkaan hätiin ehtimässä

vaan yksi on pauliinalla heikkous

emäntäänsä salattu rakkaus

pontus pastori on pappilan renki

hänessä tiivistyy reippauden henki

hommat hoituu mitä parhaimmin

vaan lemmenpuuhat hiukan huonommin

pauliinan rukkaset nielee purren hammasta

tyytyy pökkimään pappilan lammasta

galleristin perhe

rouva galleristi rukka

jolla tyylitelty polkkatukka

päässyt ei aikoinaan akatemiaan

unelmat vaihtui taidehistoriaan

kuppiloissa ja kokkareilla humppaa

kaksin käsin vetää skumppaa

herra galleristi asuntoja välittää

kauppa käy ja bisnekset pelittää

hymynsä on leveä

askeleensa keveä

hän jos kuka tietää että

kukin on oman onnensa seppä

gunilla galleristi graffiteja taiteilee

aamuöisin lähiöissä seikkailee

vaihtoehtokulttuuria edustaa

nakertaa vanhempiensa selustaa

tytär on lahjakas

vaan slummeissa luuhaa peijakas

guy galleristi on toivoton nisti

sukunsa raskas risti

parhaat vuotensa tuhlasi

lahjansa psykedeeleille uhrasi

kanttarellit metsässä muita houkutti

pojan psilosybiini koukutti

radiokuuluttajan perhe

herra radiokuuluttaja on varsin sivistynyt
kielitaidoissa piilee verrattomat kyvyt
pidä kynttilää ei vakan alla
ollessaan äänessä kanavalla
keskipäivällä on aforismien aika
vaan amatöörin elkeisiin ehtyy taika

rouva radiokuuluttaja juontaa kaupallisella kanavalla
päivittäin on tuulella mukavalla
hyvää tuulta ja naurua riittää
ihmekös sitten että mainostajat kiittää
kotona sorru ei viihdyttämisen erheeseen
mottonsa kuuluu nyt hymy perseeseen

rolle radiokuuluttaja on luokkansa pelle
persettään vilauttelee vaikka kelle
pojalla on huonot tavat
mutta hurmaajan elkeet ihastuttavat
joillekin käy kateeksi
kun komistus saa paljon anteeksi

reija radiokuuluttaja viihtyy omissa oloissaan
vuoteessaan loikoilee villasukat jaloissaan
supliikki ei ole tyttären valtti
taidetta lähentelee mielensä maltti
kauas on pudonnut omena puusta
lieneekö postimiehen kylkiluusta

floristin perhe

herra floristi on esteetikko
puolisonsa nimeltään mikko
hälle rakkaus on kaunein kukka
sen pauloissa vallan heitukka
ken hellyyttä helmenä kantaa
ei konsanaan voi tarpeeksi antaa

herra floristi on kilparatsastaja parhain
miehensä hälle on kaikista armain
sievän olemuksen salaisuus
on peilin edessä ahkeruus
iltaisin polle kun pistetään talliin
miehet tunnelmoivat herkkään malliin

florian floristi on ratsu ketterä

mikon palvottu silmäterä

ravi ja laukka käy vaivatta siltä

leikiten kiitää esteiden yltä

uljaita ovat heppa ja isäntä

vaan missä lie talon emäntä

felix floristi ui ympäri maljaa

isännät ovat aivan hiljaa

litkivät sherryä verdiä kuunnellen

välillä toisiaan hellästi suudellen

ihmettelemistä riittää kultakalalla

kun miehet pistävät koreasti jalalla

motoristin perhe

herra motoristi vetää kaljaa naamaan
laiska mitään on aikaan saamaan
sohvalla makaa ja somessa roikkuu
kommareiksi liberaaleja haukkuu
heimoveljiään kerholla kohtaa
kirkkaasti jynssätty harrikka hohtaa

rouva motoristi huseeraa sotkussa
treenattu habitus kovassa iskussa
varusmiehille esittää hyvää jätkää
ei vellihousuista piittaa pätkän pätkää
saa kunnon kilareita
miettiessään sivareita

molla motoristi nyrkkeilee salilla

puuhassa on paikat lujilla

taitojen kertyessä enää ei haistatella

koviksen roolissa kelpaa paistatella

nyt ei kukaan huuda huora

muuten puhuu oikea suora

marco motoristi sannia ihailee

naapurin tommia päivittäin tapailee

aluksi jannut vain pussailivat salaa

pian jo pistivät kovan vasten kovaa

isänsä vaikenee kerholla

että on siunattu pojalla pervolla

arkkitehdin perhe

herra arkkitehti mainetta niitti
maailmallakin moni kiitti
vanhaa ja kaunista kaatoi
modernismin parissa raatoi
yhä muistuttavat vanhat valokuvat
tuhotöiden arvet hitaasti arpeutuvat

rouva arkkitehti otti eron
varjoon jäi palvotun neron
tuhlasi lahjojaan miehensä muusana
osaansa kauan tyytyi naisena
lopulta vapaus koitti
hengitys kulki elämä voitti

anselmi arkkitehti taattonsa perintöä vaalii
almanakkansa täyteen menoja haalii
arkkitehtiopinnot kesken jäivät
silti koittivat lokoisat päivät
ympäriinsä luennoi isänsä urasta
puutetta liene ei pikkurahasta

amanda arkkitehti opiskelee pariisissa
diplomaatin ura on kiikarissa
pänttää kieliä ja tenttii politiikkaa
vaan kaipaa kovasti romantiikkaa
kunpa onni potkis kerran
löytäis sivistyneen varakkaan herran

kokin perhe

herra kokki teki lujasti töitä
valvoi pitkiä öitä
viimein löi läpi piireissä
nyt pyörii päivät kiireissä
naama on teeveestä tuttu
juorulehtiin päätynyt moni juttu

rouva kokki on kovin onneton
olemuksensa vallan ponneton
miestä ei näy kotosalla
kiireitä piisaa muualla
puolisonsa menestyksestä maksaa
kauanko yksinoloa jaksaa

karri kokki mäkkärillä huokaa

inhoaa gourmet-ruokaa

ranskalaisia kitaansa mättää

pöytäänsä kurjan siivon jättää

isänsä flirttailu elitisteille kyrsii

kynsiään poika jälkkäriksi jyrsii

kia kokille sipsit maittaa

kertyvät kilot ei tyttöstä haittaa

isän herkuille nyrpistää nenää

jaksa ei sulatella enää

hyydykkeitä liemiä ja fileitä

kaipaa roskaruokabileitä

erakon perhe

herra erakko tuijottaa kattoon
kompastuttuaan kylppärin mattoon
jotain tarttis tehdä tälle
kangistuvalle elämälle
varata aika tohtorille
sanoa kyllä rollaattorille

erakon kaktus kukkii kauniisti
aluslautanen on puhdas ja siisti
viihtyy talvet akkunalla
kesäkaudet verannalla
sillä on hyvä mieli
vieressänsä anopinkieli

erakon kissa on pitkäviiksinen

nimensä kiiskinen

kärpästen pyydystys sen lempipuuhaa

usein lähellä ikkunaa luuhaa

tassu heilahtaa rivakasti

siivekkäät listii napakasti

erakon radio on aina päällä

tuuttaa ohjelmaa joka säällä

telefunkenissa on vanhan ajan taikaa

hankkimisesta kulunut paljon aikaa

laitteen tärkein tehtävä

on olla omistajansa ystävä

lehtorin perhe

ei ole tyytyväinen herra lehtori

tahtoisi olla rehtori

sosiaalisilta taidoiltaan vajavainen

cv varsin hajanainen

ilman miellyttämisen halua

lehtori on mennyttä kalua

rouva lehtori uskontoa opettaa

tunteja malta ei ajoissa lopettaa

jeesuksen teot on intohimonsa syvä

laupeudensiemenestä itää jyvä hyvä

nuhteetta sielunsa herralle antaa

ain jaksaa kortensa kekoon kantaa

lotta lehtorin kaulassa on risti
vaikka on aatteeltaan ateisti
äitinsä neuvoilta korvansa sulkee
omaa tietänsä tyttönen kulkee
sielulleen myrkkyä on tekopyhyys
muualta on löydyttävä hyvyys

leo lehtori pyhäkoulussa viihtyy
raamatun opeista vallan kiihtyy
emonsa kanssa hurskauden jakaa
usko taivaaseen on vakaa
mikään ei lie pielessä
kun on pappisura mielessä

kapellimestarin perhe

herra kapellimestarilla riittää työsarkaa
vaan alakerrassa tuntee kutinaa arkaa
kurissa pysyä meinaa ei lerssi
vaikka työn alla on vaativa marssi
sykettä nostaa vallaton sellisti
jonka äskettäin hotellissa kellisti

kapellimestarin rouva tuntee miehensä maineen
osakseen saanut on piinaavan paineen
kotia hoitaa ja mediassa hymyillä
vaikka piilossa tekis mieli lymyillä
maestro maailmalla mainetta niittää
kotona puolisolla murhetta riittää

kia kapellimestari on tositeeveetähti

jo nuorena mukaan kuvioihin lähti

ihme on jos ei neitiä näy

siellä missä kamerat käy

monessa ennättää olla mukana

lupaava tulevaisuus lienee takana

karri kapellimestari on salkkaritähti

kesken pois koulunpenkiltä lähti

teininä loppui viulun vingutus

enemmän viehätti basson jumputus

hauskat kasvot takaavat menestyksen

oma talk show toisi täyttymyksen

sauhuttelijan perhe

herra sauhuttelija vetää spaddua posket lommolla
väliä ei ole keuhkojen kunnolla
ikenet huutaa hoosiannaa
muut päivittelee kalpeaa naamaa
räkänen köhä on tavaramerkki
jota ei tahtois ees melartinin erkki

rouva sauhuttelija lepää uurnalehdossa
syöpä eteni ärhäkästi keuhkossa
naapurien toiveista välittämättä
röökas partsilla hellittämättä
omaisille siunaantui harmia
ikävöivät äänen käheää charmia

sanna sauhuttelija imeskelee nuuskaa
tyttönen muistuttaa vanhaa luuskaa
hengitys haisee ja hampaat heiluu
pusut jää vähiin se ei oo reiluu
parasta pitää suu supussa
vaiva kun kulkee suvussa

sauli sauhuttelija yskii pitkin öitä
keuhkot tekee valtavasti töitä
pienokaisen osa on lohduton
vain haave on lapsuus savuton
kuopuksen mielestä valtava erhe
kun nikotiinista oireilee koko perhe

pormestarin perhe

herra pormestari on pönäkkää sorttia
taskussa lie monta valttikorttia
miten ois muuten mahdollista
että päättää monista asioista
tohkeissansa paasaa ja pönöttää
kukkahattusetänä vallan hölöttää

rouva pormestarin pöperöt hyvin maittaa
miehensä kilot eivät häntä haittaa
vieraanvarainen emäntä on kaikille
seurapiirit kutsuu illallisille
vaan jokin daamia taitaa vaivata
mahtaako tosi miestä kaivata

pontus pormestari on suuntaa vailla

vaeltelee jossain kaukomailla

saanut ei isältään mallia miehen

suunnitelmat jäivät puoli tiehen

ehkä valaistuksen saa

aikansa kun matkustaa

pauli on salarakas pormestarin

tapailevat tiistai-iltaisin

nuorukainen pistää parhaansa ylleen

kun sponsorinsa pyöräilee luoksensa jälleen

yhteiset hetket on pelkkää lainaa

pian huomisen huolet taas päälle painaa

dyykkarin perhe

herra dyykkari työskentelee kirjastossa
vilkkaassa paikassa jossa
liksa on muiden mielestä vitsi
palkkakuitin nähdessään huutaa hitsi
miehen öinen harrastus
on roskapönttöjen katsastus

rouva dyykkari työskentelee hoitoalalla
palkkamurheita on myös perushoitajalla
vuokra nousee ja lapset varttuu
yllättäviä menoja karttuu
lapsiperheen kulut pysyvät kurissa
kun tonkii naapurin roskakorissa

diana dyykkari on neiti huoleton

kierrätys tutuksi tullut on

käytettyä tavaraa kotiin kerää

ruokaakin löytänyt monta erää

parempiosaisten haaskaus

on köyhälistölle siunaus

dylan dyykkari seisoo leipäjonossa

välillä pummaa käsi ojossa

kyllästynyt on roskapönttöihin

valvottuihin pitkiin öihin

haaveilee leveästä leivästä

kevyemmästä elämästä

juontajan perhe

herra juontajan moottoriturpa jauhaa
lähistöllä on harvoin rauhaa
valtavan määrän tuntee julkkuja
leijonanosa niistä on mulkkuja
perheenpääkin välillä nukkuu
monologi hiljaisuuteen hukkuu

rouva juontaja elämästä kirjoittaa
kolumnissaan yleisöään valistaa
viisauttaan jakaa siellä täällä
päsmäröimässä on joka säällä
itseään saattaa peräti rakastaa
kun voi tietämättömiä opastaa

juuso juontaja toimittaa koulun digilehteä

soittaa skittaa ja leikkii tähteä

kyynärpäitä käyttää ja persettä nuolee

ei oo tavis ennemmin kuolee

suomeen ei aio jumittua suinkaan

peräkylän meininki ei kiinnosta lainkaan

janna juontajan intohimo on tyyli

likka on luokkansa mielettömin lyyli

päivittäin laittautua jaksaa

kuteet ne vasta maksaa

ylimielisyyttään ei peitellä malta

muiden mollaaminen tuntuu ihanalta

duunarin perhe

herra duunari erosi liitosta
persukaverit jakoivat kiitosta
työläisten oikeudet on vanha vitsi
ellet ole kommunisti
solidaarisuutta ei enää tapaa
nyt tuijotellaan omaa napaa

rouva duunari tehtailee pikavippejä
karsastaa vassareita hippejä
viihdy ei lainkaan tehtaan lemussa
shoppailee urakalla temussa
koulut jäi käymättä vaan ei haittaa
kräasämäärässä paremmaksi laittaa

diana duunari salkkareita tuijottaa

katkennutta rakennekynttään murjottaa

unelmahäät hiukan tunnelmaa nostaa

katkenneen kynnen aikoo kostaa

huomenna kyytiä saa hyvät tavat

kun ivalliset sanat sivaltavat

denis duunari käy amista

hänestä ei tullut mamista

vetää bisseä ja polttaa sätkää

kavereineen leikkii kovaa jätkää

onnistuneen viikonlopun merkki

on maahan potkittu erkki

diplomaatin perhe

herra diplomaatti on varsin kultivoitunut
moukille perin vittuuntunut
missionaan kansanvalistus
rahvaan tavat kerrassaan kauhistus
edustustehtävien edessä
ui kuin kala vedessä

rouva diplomaatti katselee horisonttia parvekkeelta
ranskan kliseet kaikuvat korvakuulokkeelta
pitopalvelu häärii ja kukka-asetelmat hehkuvat
juhlavalmistelut viime hetkeen jatkuvat
illan emäntä on pelkkää hunajaa
suitsuttaessaan porvarillista hegemoniaa

david diplomaatti on unelmavävy
äänessään sivistynyt sävy
tavoissaan ei moittimista
harrastaa golfia ja purjehtimista
missä vain liikkuu katseet kääntyvät
hellyyden janosta neitoset nääntyvät

daniel diplomaatti on keikari kuuma
mielessään klubi-iltojen huuma
aamuöiden hetket päätyvät hurmioon
nuorukaisen opinnot suistuvat turmioon
tavoiltaan poika on kaikkiruokainen
seuraksi kelpaa niin mies kuin nainen

vartijan perhe

herra vartija pitkästyy ostarilla
tylsät on jutut työkaverilla
tahtoo ojennettavaa löytää
pitää siis ahkerammin kiertää
toiveena kohdata joku juntti
mieluiten ilmiselvä hintti

rouva vartija istuu metrossa
siinä samassa jossa
tumma lapsi matkustaa keskustaan
häivy siitä afrikkaan
huutaa vaimo vartijan kuuluvasti
pohjolassa määrää valkoinen kasti

venla vartija pelkää äitiään tiukkaa

lähiöperheen elämä on niukkaa

tyttö yrittää ymmärtää miksi

sai rasistin äidiksi

yhtään ei helpota sinänsä

että kusipää on isänsä

väinö vartija jätti kesken amiksen

voivottelee minä lotossa voita miksen

kuljeskelee hämärillä kulmilla

arki on lastatttu monilla pulmilla

ei oo valkosen miehen hommaa

että kadulla kolikkoja pummaa

konsultin perhe

rouva konsultti tekee elämästä taidetta
puoskaroi aihetta kuin aihetta
lennokkaat neuvot mainetta niittää
innokkaita seuraajia riittää
avautuu monella kanavalla
vapaassa maassa vastuu on kuulijalla

herra konsultti on puhuja verraton
aihepankkinsa pohjaton
supliikkinsa hulvaton
mielellään aina esillä on
siellä missä tapahtuu
tuubaa sylkee miehen suu

karri konsultti on koulukiusaajien kunkku

lempinimensä runkku

nyrkit puhuu ja sanansa sivaltaa

parhaan kaverinsakin kavaltaa

kusipään menestyksen takaa

löytyy julkkisvanhempien maine vakaa

katri konsultti on omapäinen

luonteensa viileän jäinen

vittumaisesti päätään aukoo

päin naamaa totuuksia laukoo

tytär on parhaimmillaan silloin

kun vaipuu unten maille illoin

koodarin perhe

herra koodarilla on flow päällä

istunut tuntikausia täällä

ylikansallisessa laitoksessa

viidennessätoista kerroksessa

noutoruokaa aikoo ostaa

jotta aamuun asti jaksaa

koodarin mac on isäntänsä uskottu

sillä hoituu valmiiksi moni juttu

turha sitä on salata

mies kannettavaansa tahtoo välillä halata

työ tekijäänsä kiittää

kunhan pöntössä virtaa riittää

koti koodarin on autio ja hiljainen

pinta kuin pinta pölyinen

eteisessä on syytä valpastua

jos ei tahdo postiin kompastua

patja lattialla on nukkujaa vailla

isäntä lie toimistossa unten mailla

kaija koodari on äitinä levoton

ylitöissäkö poika taas on

tavoittaa kuopustaan koittaa

vaan turha on sille soittaa

luuriin kun numeron näppäilee

vastaajan ääntä vain kuuntelee

baritonin perhe

herra baritoni sukii hiuksiaan
tarkoin asettelee smokkiaan
skaaloja tuuttaa ja harjoittaa
pian lavalla viihdettä hoilottaa
valloittavia ovat maneerit moiset
loveen lankeaa yhdet ja toiset

rouva baritoni soittaa pianoa
olemuksessaan tyyliä vallan hianoa
sensuellisti eläytyy akordeihin
hartaasti keskittyy myös trilleihin
miehensä lied-ilta lähestyy
siinä uurastuksen juurisyy

benno baritoni näppäilee bassoa

lienee lahjattomallekin helppoa

bändiin tahtoo ennen kesää

toiveena saada helpommin pesää

festareita lähtee kiertämään

jääne ei puute kesällä hiertämään

benita baritoni laulaa tanssii ja näyttelee

musikaaliurasta tytär haaveilee

monta rautaa tulessa on primadonnalla

vaan kovaa on kilpailu viihdealalla

opittava on miellyttämään taitavasti

moni menestynyt on opportunisti

asunnottoman perhe

herra asunnottomalle kesä on parasta aikaa
raittiissa ilmassa huoletonta taikaa
metsässä saa asustella rauhassa
oman itsensä herrana teltassa
isotkin murheet on pieniä
kun tarjolla on marjoja sieniä

asunnottoman kaveri asustaa naapuriteltassa
juttuja on kiva tehdä kimpassa
lämmitellä nuotiolla ja kuunnella ääniä
metsässä riittää lääniä
leipäjonossa on käytävä stadissa
muuten viihtyy näissä maisemissa

talvisin jallupullo on ystävä parhain

sen asunnoton oppi varhain

rappukäytävässä jos nukkua koittaa

kyytipojaksi ottaa huikkaa

vaan moniko muistaa että

nukkumiseen viina on huonoa lääkettä

miten voi herra asunnottoman maksa

enää ei kosteaa elämää jaksa

urheasti kestänyt vuodesta toiseen

vaan luotu ei ole rumbaan moiseen

osaa sen jo aavistaa

pian isäntäkin rauhan saa